マネしたらやせた！

「床バレエ協会」代表／バレエダンサー
竹田 純

KODANSHA

Prologue

ボンジュール！床バレエ講師の竹田純です。

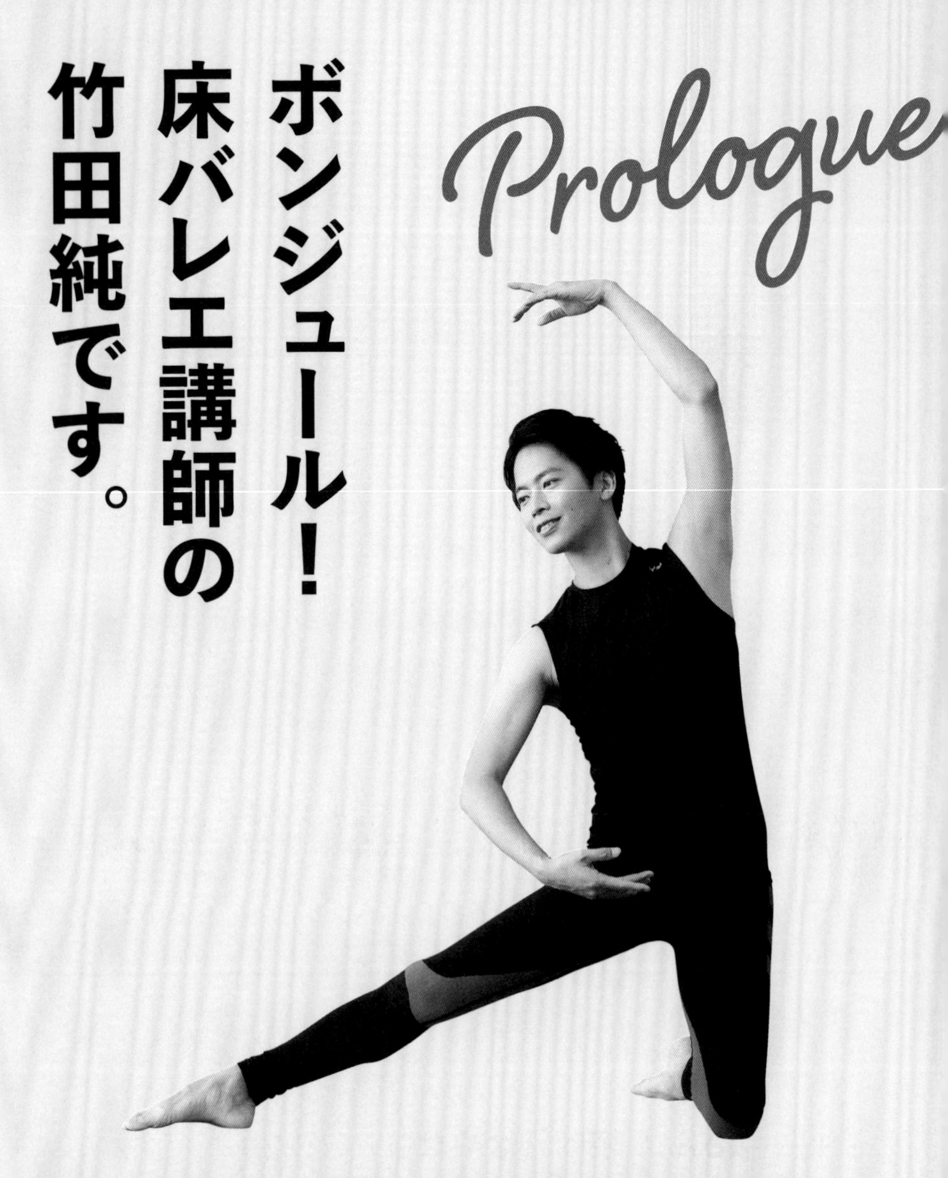

私は現在、バレエを学んだ第二の故郷パリと祖国である日本を行ったり来たりしながら、私が考案した床バレエのレッスンを教室やオンラインで行っています。床バレエとは、バレエをベースにしたエクササイズで、筋肉に強い負荷をかけずに体を動かすことで、しなやかなボディをつくるメソッドです。それを多くのみなさんにお伝えしたくて、1年半前から本格的にSNSでのエクササイズの配信をスタートしました。

いきなりですが、みなさんのお悩みは何ですか？
この本を手に取ってくださっている方々ですから、「やせたい」「キレイになりたい」「かつてのボディラインに戻りたい」と思っている方も多いかもしれません。
でもそれは、お悩みというよりも、あなたの目指す最終ゴールです。

私がお会いした女性の

99%が抱える本当のお悩みは「エクササイズを続けられない」ことなんです。

実はみなさん、「続ければやせる」ことに薄々気づいていらっしゃいます。でも、「難しそう」「面倒くさい」「明日でいいや」と、せっかく始めたエクササイズも三日坊主で終わってしまう方がとっても多いんです。

そこで私は、「みなさんにエクササイズを続けてもらうには
どうしたらいいのかな……」と時間をかけて考えました。

そしてその結果、特にSNSで発信するときは、
効果とやり方がひと目でわかり、
「マネするだけでできる」に
こだわるようになったのです。

これが
大人気
床バレエ
Best 3

Yuka Ballet Ranking

1

これやると下半身激やせ Program

動画が見られます！

所要時間

1分30秒

30秒×3種類

30秒×1種類だけでもOK

所要時間

1分30秒

30秒×3種類

Yuka Ballet Ranking

3

ヤバいほど二の腕激やせ Program

総再生回数 446万回以上

動画が見られます！

振り袖肉が
スッキリ

所要時間

1分30秒

30秒×3種類

いかがでしたか？

床バレエを初めて体験された方も多いのではないでしょうか？

私のSNSで特に人気があったエクササイズをまとめたこの本では、床バレエが初めての方にもすぐにできる簡単な動きを紹介しています。

目指したのは、
見てマネするだけで簡単にできる
⬇
簡単にできるから、
やるのが苦じゃなくなって
ずっと続けられる
⬇
続けるのが楽しくなるから、
「気づいたらやせてた！」と結果が出る。

私にも、ぽっちゃりな時期がありました！

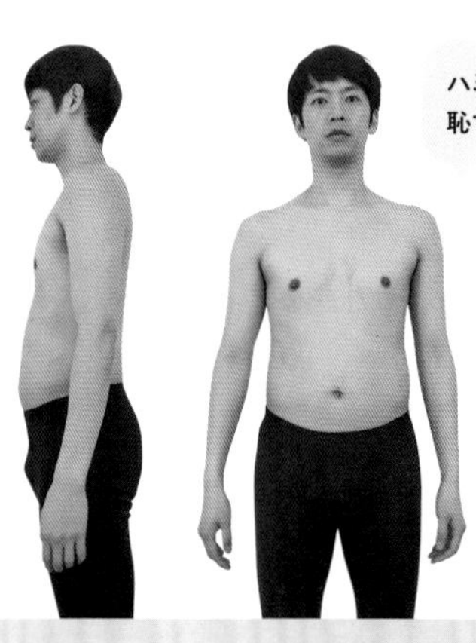

ハミ肉……
恥ずかしい

フランスに戻ったばかりの4年前。忙しさに追われて、エクササイズを怠っていました。その結果がこの体！　毎日少しずつエクササイズを行ったことで、今では体型はすっかり戻りました。日々の小さな積み重ねが今の体をつくっているのだなと実感しました。

そんな目的をすべて叶えてくれるのが、バレエのメソッドをベースに私が考案した床バレエです。床バレエは簡単に説明をすると、床に体をつけて行う、バレエの動きをもとにしたエクササイズ。

毎日忙しくて、おうちに帰ったら床から少しでも離れたくない！　と思っている方が多いのではないでしょうか？　そんな方でも床バレエなら大丈夫。

床バレエは立たなくてもいいからやる気がなくてもできる！　床が支えてくれるから体を動かすのがラク！　狙いたい場所にだけ力を入れるから、効率的にやせたいところをピンポイントで引き締められる！

そんなとても手軽なエクササイズなんです。そのうえ、バレエがベースだからただやせるのではなく、ほどよい筋肉で引き締まる〝上品やせ〟が叶います。

ズボラさんには立たずにできる床バレエがおすすめ！

Bravo～!

体を動かしたいけど、何から始めればいいかわからない方も
たくさんいらっしゃるでしょう。
そんな方のために人気の床バレエを集めてご紹介したのが本書です。

多くの方がすでにトライして、

気持ちいい！
やせた！
変わった！

という、うれしいコメントが続々と届いている
折り紙付きのエクササイズ。

フォロワーのみなさんからの声♥

Q 私のインスタを
フォローしてくださっている理由は？

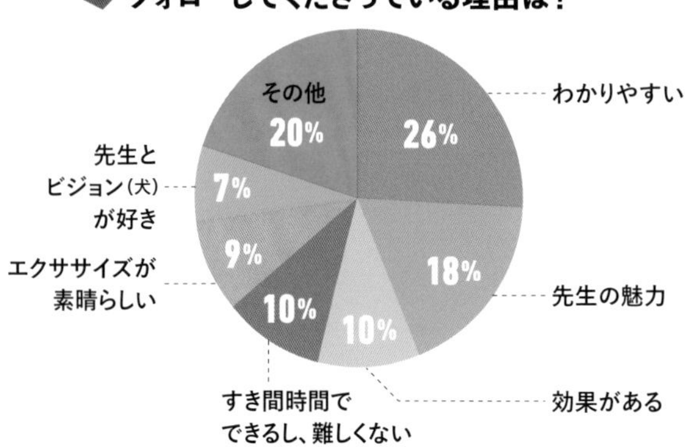

みなさんも
床バレエにチャレンジすれば
きっと、

気づいたら やせていた!

を実感できると思います。

無理なくワクワクしながら
エクササイズできる!

先生の動きがしなやかで美しいので
マネしてみたいなと

わかりやすくて、毎日続けられて、
やったら結果が出るからです

いつも一緒にいる
ビジョンが
かわいい!

短くまとめられてるので、
これくらいなら
挑戦してみようかなと思えます!

グレーハウンドの元保護犬・ビジョンはエクササイズのときもいつも一緒。最近は私のSNSでビジョンに会うことをエクササイズのモチベーションにしてくださっている方もいるほど、人気者なんです。もしかして私よりも人気!?(笑)

まず私の写真と動画を見て、
動きをマネしてみましょう。

私の動きと
同じようにできなくても、
全然大丈夫！
動き始めたあなたはエライ！
その調子！
毎日ひとつでも続けていけば、
きっと体が変わります。

あなたの人生で初めて続けられたエクササイズが
本書の床バレエになったらとてもうれしいです。
自分で言うのも恥ずかしいですが、
床バレエは、バレエとその指導の長年の経験で磨き上げた
究極のエクササイズだと思っています。

さぁ、今から始めてみましょう！

このプログラムで
腰のゆがみが矯正されたようで、
腰が痛くなくなり、とても感激してます

簡単そうだけど
おなかに効きますね〜
テレビ見ながらやってみました！

始めて2〜3日後から
睡眠の質が変わりました
心身の軽さを感じてます！

難しすぎないエクササイズと、
王子の美ボディの説得力

エクササイズが
見やすくて、
動画見た瞬間に
マネしてます

フォロワーさんからの喜びの声♥

丁寧にやれば、1週間で
必ず結果が出ます！

Bravo〜！

寝転がって
トレーニングできるって
素晴らしい

気づいたら4キロ
やせてました！

おかげさまで
肩こりが
なくなりました

運動嫌いな私でも
続けられそうです

竹田式床バレエで

こんなに変わった!

ボディラインに悩みを抱える人が床バレエに挑戦。
おなかまわりやお尻が激変した人がたくさんいます!

Aさん 50代

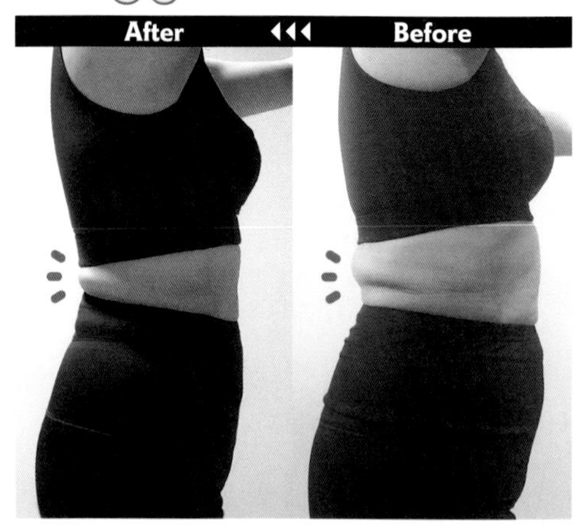

6週間で 下腹−10cm

体幹の筋肉が使えるようになり、腰まわりがスッキリ!

筋肉がかたく縮んで体幹が使えていないために、腰まわりを中心に、背中にもたっぷりぜい肉がついていたAさん。床バレエで下腹に力を入れる感覚をつかみ、体幹の筋肉が使えるようになってきたら、おなか、背中ともにスッキリ。ウエストも7㎝減ったそう。

Uさん 50代

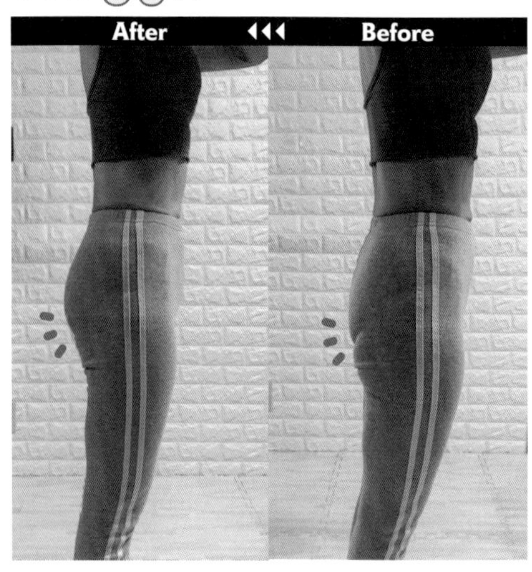

お尻が上がって 丸くなった!

お尻と太ももの境目ができ、前ももの張りもとれた

だんなさんに「お尻の形がまったく違う!」と、驚かれたというUさん。太ももとの境目がないペタンコのお尻がキュッと上がって、コンパクトな丸いお尻になりました。前ももの張りもとれ、おなかも薄くなり、細いだけじゃないメリハリボディになったと大喜び!

アンダーバストと
ウエストが細くなった！

Yさん 40代

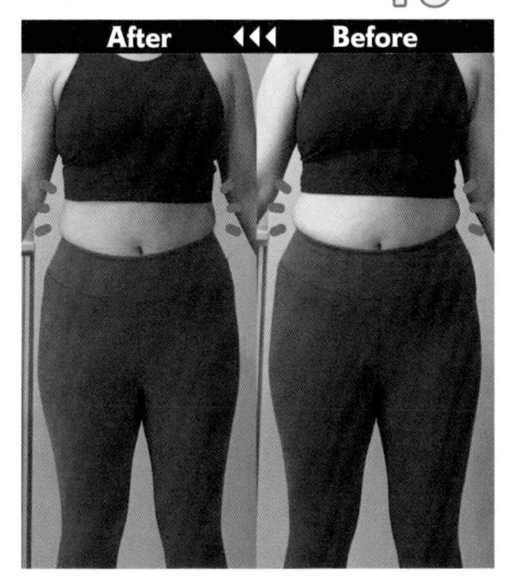

脚が長くなり、
反り腰が改善！

Mさん 40代

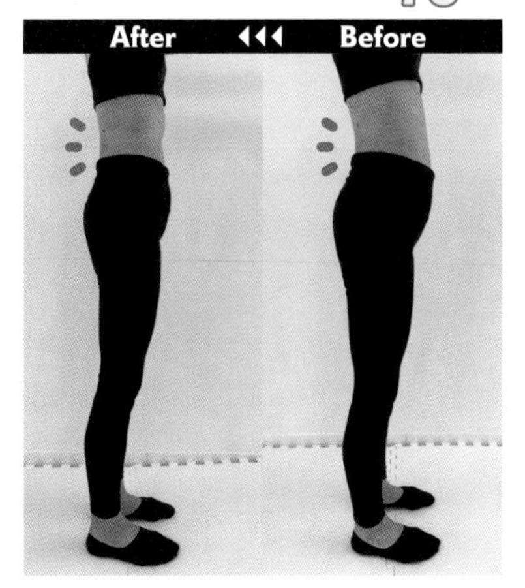

体幹の力がついて
おなかまわりがスッキリ！

Eさん 30代

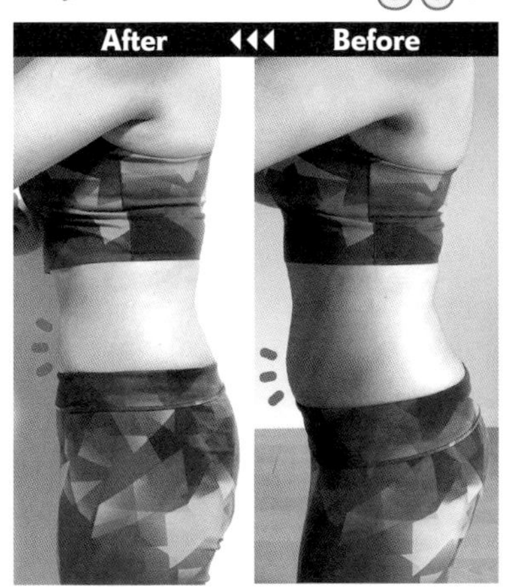

体もやわらかくなった！

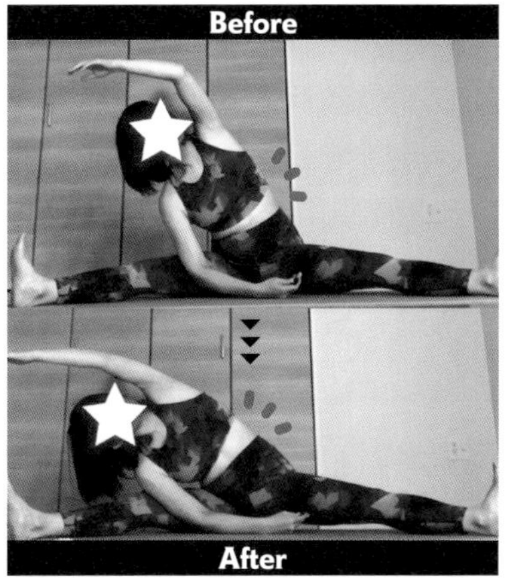

床バレエのことをもう少し詳しくお話しさせてください。

私はバレエダンサーとしてヨーロッパで活動してきました。

バレエダンサーのための体の調整法として出合ったのが「バーオソル」です。

バーオソルは、床に座ったり、寝転がったりしたままバレエの動きを行って、バレエに必要な体幹を鍛えたり、筋肉を強化したりするエクササイズです。

多くのプロのバレエダンサーはもちろんのこと、フランスにはたくさんのバーオソル教室があり、ボディメイクを目指す一般の女性にもとても人気があります。

私自身もバーオソルがあったから、規格外の年齢で始めたバレエでも海外のバレエ団で舞台に立つことができるようになったのです（普通は10歳前から始めるものですが、私がバレエを始めたのはなんと17歳のとき！）。

そんな素晴らしいメソッドを日本の多くの方々に知っていただきたくて、12年前の２０１１年に『バーオソル・ダイエット』という本を出版しました。

その本の中でももちろん、効果のあるエクササイズばかりを紹介しているのですが、今となってはバレエをやっていない一般の方には少し難しかったかな……と思っています。

それでもやはりバレエのメソッドというのは、人間の体の動かし方にとても忠実で、美しいボディラインをキープするのにこれ以上のメソッドはないと確信していますが……。

そこで私はもっと一般の方にも行いやすいようにアレンジした「床バレエ」を考案しました。そしてこれまで10万人

以上の方に指導して、その良さを実感していただいています。
床バレエにはバレエダンサーが美しさをキープするメソッドが詰まっています。
やっていただければ、絶対に体が変わるという自信があります。
見た目には一般的な筋トレやストレッチに似ていると思われるかもしれませんが
実は床バレエにはバレエの正しい体の使い方がたくさん組み込まれています。
ですから、続けていくと体を動かしやすくなったり、背すじがピンと伸びるように
なったり、ボディラインが引き締まったり、と体の変化を実感する方が多いのです。
体がやわらかくなったと言う方も少なくありません。特に
本書ではSNSより詳しく、床バレエでの体の使い方を紹介し
ていきますのでご期待ください。

今日から何も考えずに、私と一緒に床バレエを始めましょう。
「えっ、やせた！」といううれしい悲鳴を次に上げるのは、
きっとあなたです！

やった人からハマる!

竹田式床バレエとは

30秒でできる! すべて簡単な動きだから続けられる!

床バレエは、パッと見ただけでできる簡単な動きばかり。運動が苦手な人でもラクに始められます。それに、どの動きもたったの30秒だから、飽きずに続けられるところも魅力。もっとやりたい方は時間を延ばしてもいいし、疲れたら途中でやめてもいいし、ほかのエクササイズをやってもOK！

体もやわらかくなるよ

バレエのメソッドがベースだから上品にやせる!

床バレエは文字通り、バレエがベースのエクササイズ。バレエに必要な筋肉を強化するエクササイズなので体幹が鍛えられ、手脚にムキムキとした筋肉がつかず、しなやかで上品なボディラインに。

フォロワーさんたちが太鼓判を押してくれた人気エクササイズだからハズレなし!

SNSで流れてくる膨大な数のエクササイズ動画。どれをやればいいかわからなくなって結局やらずじまいに……。本書は、私のSNSで総数30万人超のフォロワーさんたちが「効いた!」と何度も見てくれた、再生回数の多いエクササイズを集めたプログラム。みなさんが太鼓判を押すエクササイズだから、効果も期待できます!

これやると
下半身激痩せ
30秒

Contents

PART 1

PART 3

気になるパーツを狙い撃ち♡

部位別床バレエProgram …… 63

PART 4

こり・痛みにサヨナラ！

不調改善床バレエProgram …… 81

PART 5

心と体を整える 竹田式美のコツ

やる前に必ずチェック!

床バレエ3ヵ条

写真や動画を見るだけで簡単にできる床バレエ。
やる前に、より効果をアップさせるポイントをおさえましょう!

1

頭で考える前に、とりあえず動きましょう!

「この動きで合っているかな?」「できるかな?」と頭で考える前に、まずは動きをマネして始めてみましょう。ちょっと間違っていても大丈夫。体を動かすことが気持ちいいと思えるだけで、素晴らしいんです! 動くのが楽しくなれば、毎日の運動が習慣化します。そうすれば、やせようと思わなくても、勝手にやせていきますよ。

2

30秒がつらければ、時間を短くしてもOK! ただし、ゆっくり丁寧にを心がけて!

真面目な人ほど「同じ動きができないし、長い時間は無理」と悩んでしまうかもしれません。でも、そんな心配は無用! 床バレエは自分のペースでアレンジ自由自在。30秒がつらければできる秒数で大丈夫。反対に、もっとやりたければ長くやってもいいんです。バレリーナのように優雅な動きを目指して、ゆっくり丁寧に行うと美しいボディラインに。

下半身激やせ 1

動画でCheck!

骨盤のゆがみを整える

股関節リセット

骨盤がゆがむと股関節がゆがみ、O脚やX脚などに。さらに、下半身への血流が悪くなり、脚がむくんで太くなる原因になります。骨盤のゆがみを整えるには股関節を動かして骨盤まわりの筋肉をほぐすこと。骨盤のゆがみが整えば、まっすぐスリムな美脚になります。

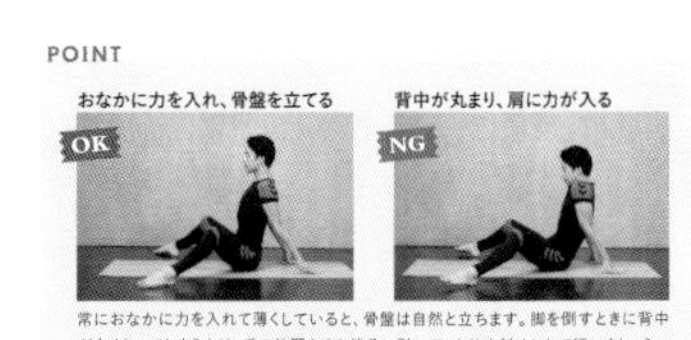

常におなかに力を入れて薄くしていると、骨盤は自然と立ちます。脚を倒すときに背中が丸くなってしまう人は、手の位置を少し後ろに引いて、上体を斜めにして行いましょう。

両ひざを立てて脚を大きく開いて座り、右の内くるぶしから内側に倒す

右脚を元に戻し、左の内くるぶしを内側に倒す

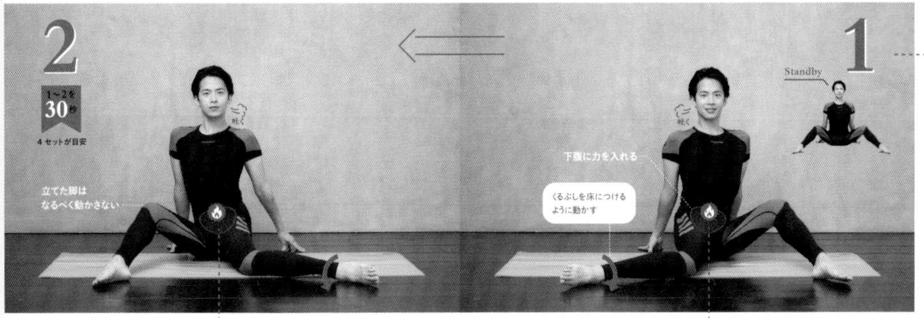

床に座り、両ひざを立てて脚を大きく開き、両手は体の後ろにつく。一度息を吸い、吐きながら右脚の内くるぶしを床に近づけるように、右脚を股関節から内側に倒す。

息を吸いながら右脚を元に戻し、次に息を吐きながら左の内くるぶしを床に近づけるように、左脚を内側に倒す。1、2 をゆっくりと30秒くり返す。

30

31

 マークが下腹に意識を向ける目印です

3

やっているときに、下腹以外は意識しないでOK！

筋トレでは「動かしている筋肉を意識して」と言われることがありますが、床バレエでその考えはNG。なぜなら、意識するとその筋肉が硬くなって、スムーズに動かなくなってしまうから。私たちが目指すのはしなやかで美しい体！　そのためには下腹にだけ力を入れて、ほかの筋肉は意識せずに動きをただマネしてみましょう。

前ページで紹介した、
「エクササイズ中は下腹に力を入れる」って、
どんな感覚だかわかりますか?

もしかしたらみなさん、
「下腹を使っているつもり」だけかもしれません。

これから紹介する床バレエの効果を上げるためにも、
正しく下腹に力を入れる方法を確認しましょう!

まず、下腹をへこまして、おなかを触ってみてください。
肋骨からおへその間が硬くなっていませんか?
おへそだけがへこんで、下腹がぽっこり出ていませんか?

どちらもダメ。下腹の力が抜けていて、
おなかのほかの場所に力が入っています。

正しいのは、おへその下から恥骨までが広い範囲でへこんで
ぺたんこになっている状態。
(さらに詳しくは、P.56、57をチェックしてみてください)

でも、できなくたって落ち込まないでくださいね。
誰だって最初はうまくできないのが当たり前。
これから紹介するエクササイズで骨盤まわりの筋肉や筋膜をほぐすと、
自然に下腹に力を入れやすくなります。
できればエクササイズと一緒に毎日P.58〜59で紹介している
バレエ呼吸も練習してみてください。

下腹に力を入れられるようになると、
もっとエクササイズが簡単になって、
効果もどんどん目に見えるようになりますよ!

PART 1

まずはこれからやってみよう！

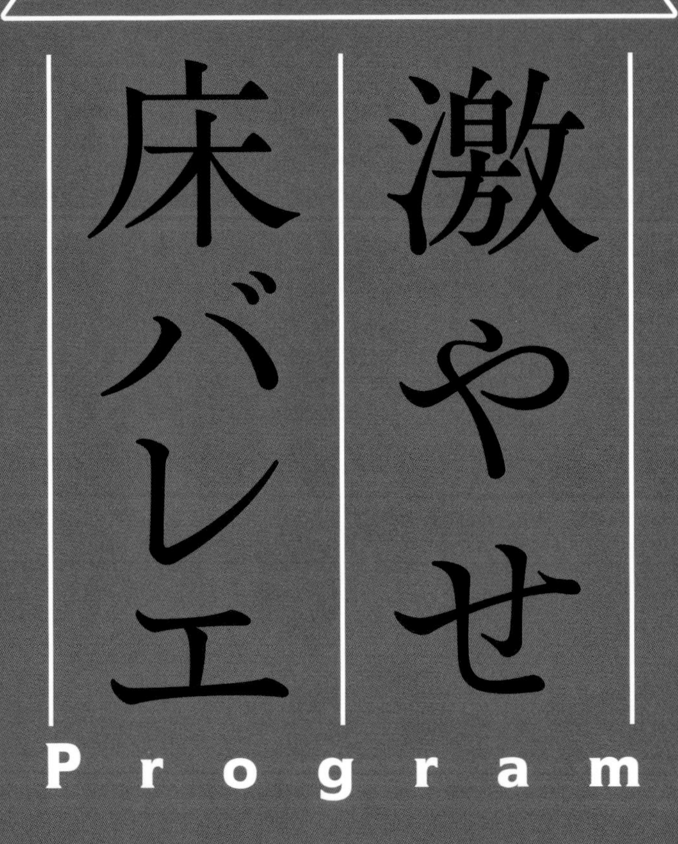

Program

**何から始めていいかわからない人は、
SNSでバズった人気ベスト3のプログラム
からスタート！　下半身、おなか、二の腕、
あなたが気になるのはどこ？**

Jun's Comment
よかったです
その調子です♪
週２～３回やってます
太ももがスッキリ
してきた気がします

このプログラムで
腰のゆがみが矯正されたようで、
腰が痛くなくなり、とても感激してます

これやると下半身激やせProgram

太もも裏側の
セルライトが、
スッキリしてきました

素晴らしいです

Jun's Comment

30秒でヘトヘトです
でもポカポカします

これやると下半身激やせ 1

動画でCheck!

骨盤のゆがみを整える

股関節リセット

骨盤がゆがむと股関節がゆがみ、O脚やX脚などに。さらに、下半身への血流が悪くなり、脚がむくんで太くなる原因になります。骨盤のゆがみを整えるには股関節を動かして骨盤まわりの筋肉をほぐすこと。骨盤のゆがみが整えば、まっすぐスリムな美脚になります。

両ひざを立てて脚を大きく開いて座り、右の内くるぶしから内側に倒す

床に座り、両ひざを立てて脚を大きく開き、両手は体の後ろにつく。一度息を吸い、吐きながら右脚の内くるぶしを床に近づけるように、右脚を股関節から内側に倒す。

POINT

おなかに力を入れ、骨盤を立てる

背中が丸まり、肩に力が入る

常におなかに力を入れて薄くしていると、骨盤は自然と立ちます。脚を倒すときに背中が丸くなってしまう人は、手の位置を少し後ろに引いて、上体を斜めにして行いましょう。

右脚を元に戻し、
左の内くるぶしを内側に倒す

息を吸いながら右脚を元に戻し、次に息を吐きながら左の内くるぶしを床に近づけるように、左脚を内側に倒す。1、2 をゆっくりと30秒くり返す。

これやると下半身激やせ 2

太ももの横張りが取れる

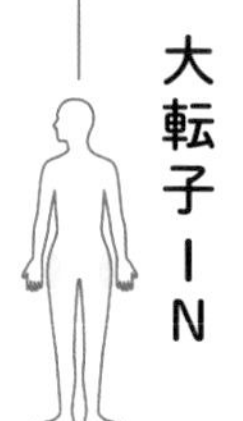

股関節の外側で太ももの骨の出っ張った部分が大転子。股関節が外側にねじれると、このまわりにぜい肉がつきやすくなり、太ももが横に張って太く見えます。股関節を内旋させてひざ下を上げることでねじれを改善すると、太ももの張りが取れてスッキリ。

両ひざを立てて大きく開き、両ひざを右に倒して横を向く

床に座り、両ひざを立てて大きく開いたら、両ひざを右側に倒して横を向く。両手は右脚の横あたりにつき、一度息を吸う。おなかにしっかり力を入れて、腰が丸まらないように。

POINT

重心は常にセンターに

重心が前に出した脚に偏る

股関節が硬いと、ひざ下を上げるときに重心が前に出した脚のほうに偏ってしまいます。高く上げなくてもいいので、重心はセンターに、腰をまっすぐ伸ばすことに意識を向けて。

小指を天井に引き上げる意識で 左のひざ下を上下させる

息を吐きながら、小指を天井に引き上げるイメージで左のひざ下を上げる。少しでもいいので上げて。息を吸いながらひざ下を下ろす。15秒上げ下げしたら反対側も 1 から同様に。

これやると下半身激やせ 3

動画でCheck!

太ももにすき間をつくる

内ももUP

多くの方が、歩くときも立つときも太ももの外側の筋肉を使っています。これは内ももの筋肉がなまけているから。内ももの筋肉を目覚めさせると、たるみが引き締まってすき間が！　さらに普段から太ももをバランスよく使えるようになって美脚に近づきますよ。

両ひざを立てて大きく開き、両ひざを右に倒して両手を後ろにつく

床に座り、両ひざを立てて大きく開く。両ひざを右にパタンと倒し、両手は骨盤の後ろについて、おなかに力を入れて一度息を吸う。

POINT

首、股関節、ひざには力を入れない

無理に脚を上げようとすると首に力が入ってしまいます。首は常に長く保ちましょう。また、脚を上げるときに股関節やひざに力が入ると内ももの筋肉が使えないので注意。

内くるぶしから脚を上げるイメージで ひざは横向きのまま右脚全体を上げる

息を吐きながら、足の側面にのせたお茶碗を落とさないようにするイメージで、内くるぶしから右脚全体を上げる。息を吸いながら元の姿勢へ。15秒くり返す。反対側も 1 から同様に。

Yuka Ballet Ranking

2

総再生回数
471万回
以上

腹筋100回より おなか激やせ Program

すごくキツイ けど
なんかスッキリ
しました

腹筋100回よりは
楽ですよ～

Jun's Comment

キツイけど
気持ちいい

30秒はしんどかったので
もっと短くしました
疲れた―――笑

それでも素晴ら
しいです～

Jun's Comment

心なしか腹筋にスジが
出てきました

素晴らしい成果で
す～

Jun's Comment

動画でCheck!

ぽっこり下腹がへこむ

お尻UP DOWN

一見簡単な動きですが、おへそと恥骨の間の下腹部分に力を入れたまま行うと、途端にキツく感じます。その感覚がとても大事！特に恥骨を天井に向かって「ボンジュール（こんにちは）！」とあいさつするように引き上げると、下腹がグイッとへこみます。

ひざ立ちでひざを腰幅に開いたら、脚のつけ根を後ろに引いてお尻を下げる

ひざ立ちになり、ひざを腰幅に開いて、反り腰にならないように背中はまっすぐに。両手は腰に添える。息を吸いながら脚のつけ根を後ろに引いて、ゆっくりとお尻を下げる。

POINT

背中とおなか〜太ももはまっすぐ

お尻が引け、腰が反っている

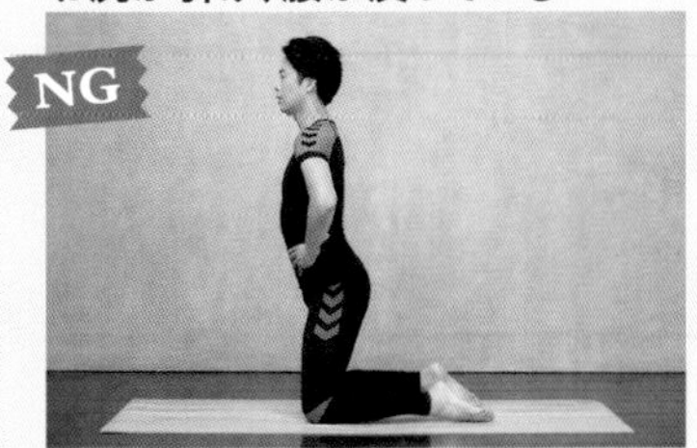

ひざ立ちになったときには、おなかから太ももにかけてと背中はまっすぐなのが正しい姿勢。お尻が後ろに引けて腰が反ると腰に負担がかかるので、正しい姿勢で行いましょう。

下腹の力で恥骨を引き上げるように
お尻を上げる

息を吐きながら、下腹の力で恥骨を引き上げるようにして、ゆっくりとお尻を上げる。下腹に力を入れたまま、１と２を30秒くり返す。

動画でCheck!

体幹を引き締め細くする

脚パタパタ・チョキチョキ

脚をただ動かすのではなく、下腹を薄くした姿勢をキープして行うのがポイントです。脚の動きが負荷になって体幹の奥の筋肉を刺激。おなかまわりを細く引き締めてくれます。くるぶしを遠くに引っ張るイメージで動かすと脚の引き締めにも！

両ひじを肩の下につき、脚を伸ばして上下にパタパタ

両脚を伸ばして座り、両ひじを肩の下について手のひらを床につける。両脚を上げ、おなかとくるぶしが引っ張り合うように伸ばして上下にパタパタと15秒動かす。

POINT

首は長く、腰はまっすぐをキープ

OK

首が縮まり、腰が丸まる

首が縮まって短くなったり腰が丸まってしまうのは、下腹の力が抜けているサイン。下腹に力を入れて首を伸ばし、腰はまっすぐな姿勢を保ったまま脚を動かしましょう。

内ももから動かすように交互に脚の上下を入れ替えながら交差させる

下腹に力を入れ、内ももから動かすように、左右の脚の上下を交互に入れ替えながら15秒交差させる。脚を伸ばすのが難しい場合は、ひざを少し曲げてもOK。

動画でCheck!

下半身ツイスト

ウエストのくびれをつくる

下腹を軸にして両ひざを遠くへ、顔は反対方向へ鼻から動かすように意識するとツイストが深くなります。まるでタオルを絞るように、鼻とひざを対角線上で引っ張り合いながら腰をひねって体幹の奥の筋肉を刺激すると、ウエストに、美しいくびれが誕生。

両ひざをそろえて腰を右にひねり、首は長く伸ばしたまま顔を左へ

床に座って両ひじを肩の下につき、手のひらを床につける。下腹に力を入れたら、両ひざをそろえて曲げ、床から浮かせる。ひざを遠くへやるように腰を右にひねり、同時に顔は左へ。

POINT

タオルをはさんでもOK

ひざが離れる

ひざが離れるのは内ももと下腹に力が入っていないサイン。その場合には、内ももにタオルをはさんで行いましょう。ひざはできるだけ遠くを通るように動かして。

ひざを一度センターに戻したら
腰をひねってひざを左に動かし、顔は右へ

息を吸いながら両ひざをセンターに戻す。息を吐きながら腰をひねってひざを遠く左に動かすのと同時に、顔は右へ向ける。1、2を30秒くり返す。

めちゃくちゃ効きます
肩甲骨のコリも
取れる気がする!
本当にやせた
今年一番二の腕やせた!
これは効く
良かったで
す〜
Jun's Comment

肩甲骨まわりが軽くなってます
二の腕、細くなりたいので頑張ります!!

Jun's Comment

素晴らしいです～

なんとなくですが、
二の腕が細く
なったようです

ヤバいほど 二の腕激やせ Program

動画でCheck!

ガチガチ背中をほぐす

肩甲骨寄せ

みなさんはどこからが腕だと思いますか？　腕を細く、長く、美しく見せるには、肩甲骨から腕が生えていると思って動かしましょう。でも、背中が硬いと肩甲骨から腕を伸ばすことができません。ですから二の腕を細く見せるためには、背中をほぐすのが先決です。

ひざ立ちになって両腕を引き上げ、ひじを片方ずつ背中側へ下ろして戻す

1

ひざ立ちになり、ひざを腰幅に開く。両腕は円形を描くようにおなかから引き上げる。手首を後ろに引く意識で息を吐きながら右ひじを下ろし、息を吸いながら戻したら、同様に左ひじを下ろして戻す。

POINT

腕はおなかから引き上げる

両腕を上げるときにはまっすぐな姿勢を保ったまま、おなかから引き上げる意識を持って。腕だけで上げようとすると、肩に力が入って首が縮まってしまうので、気をつけて。

肩甲骨を寄せるように両ひじを下ろし、胸を斜め上に引き上げる

息を吐きながら肩甲骨を寄せるように両ひじを下ろし、同時に胸を斜め上に引き上げる。息を吸いながら両腕を上げ、元の位置に。1、2を30秒くり返す。

動画でCheck!

振り袖揺らし

二の腕のぜい肉を燃やす

二の腕の筋肉は日常生活ではあまり使われないので、振り袖のようにだるんと脂肪がつきやすい場所です。美しい女性に振り袖肉は必要ありませんよね。このエクササイズはわきからひじを横に開くポジションが肝心。肩が固定されることで二の腕が刺激されます。

ひざ立ちになり、わきから引き上げるようにひじを横に開く

1

ひざ立ちになり、ひざを腰幅に開く。骨盤を立て、腰が引けないように脚のつけ根をまっすぐに保つ。両腕をゆったり下ろしたら、わきから引き上げるようにひじを横に開く。

POINT

まっすぐ後ろに引く

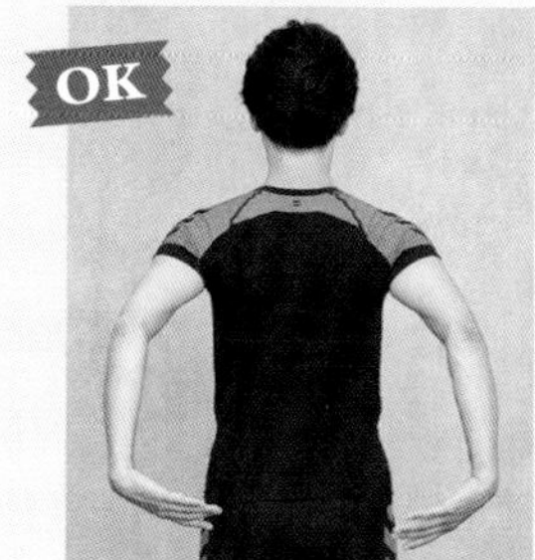

肩甲骨が寄っている

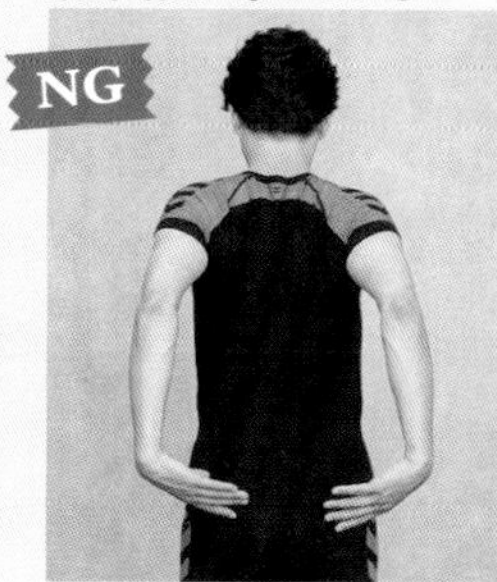

肩甲骨を寄せるように腕を引くと、二の腕より背中に効いてしまいます。二の腕の脂肪を燃やすためには、腕の形を崩さずに小指から真後ろに引き上げるイメージで。

息を吐きながら両腕をまっすぐ後ろに引く

息を吐きながら、小指を引っ張られている意識で、両腕を真後ろに、できるところまで引く。息を吸いながら元の位置に戻す。1、2を30秒くり返す。

二の腕全体を引き締める

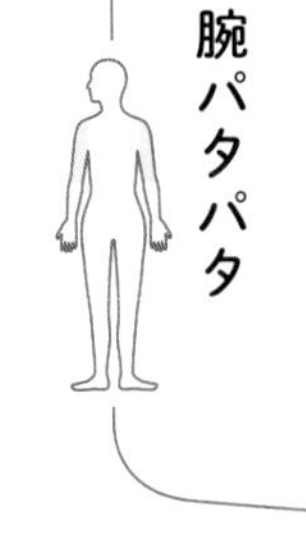

腕パタパタ

ひじを支点にしてひじから先をパタパタと上下に動かすことで、肩やひじの関節の動きをスムーズに。二の腕全体を引き締めて、きゃしゃな腕を目指すエクササイズです。腕や肩、ひじまわりの筋肉がほぐれるので、腕の疲れや肩こりにも効果的！

ひざ立ちになり、両ひじを肩の高さに上げる

ひざ立ちになり、ひざを腰幅に開く。両ひじを肩の高さに上げ、手のひらは正面に向ける。下腹に力を入れて、おなかから太ももにかけてまっすぐになるように背すじを伸ばす。

POINT

ひじの位置を下げてもOK

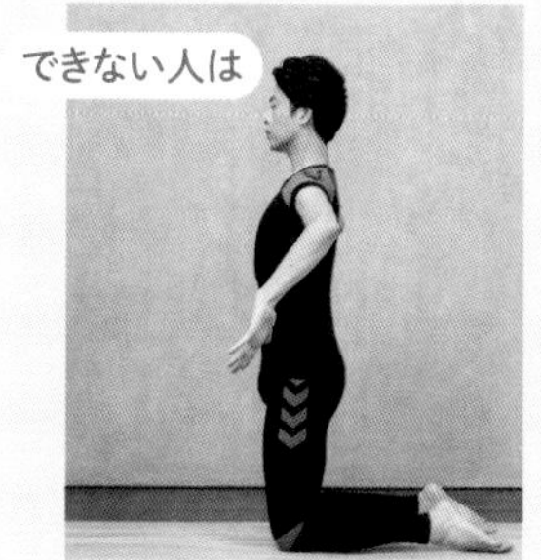

肩が上がる

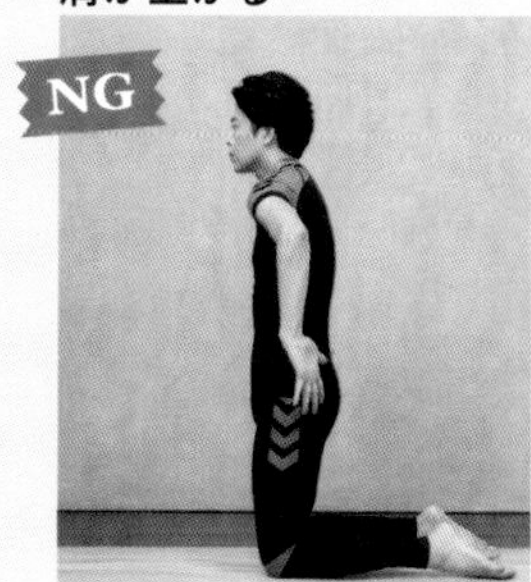

肩の関節や筋肉が硬いと、ひじから先を下げるときに肩が上がってしまいがち。その場合は、ひじの位置を少し下げて行うと、肩が上がりにくくなります。

ひじを支点にして
ひじから先をパタンと下げる

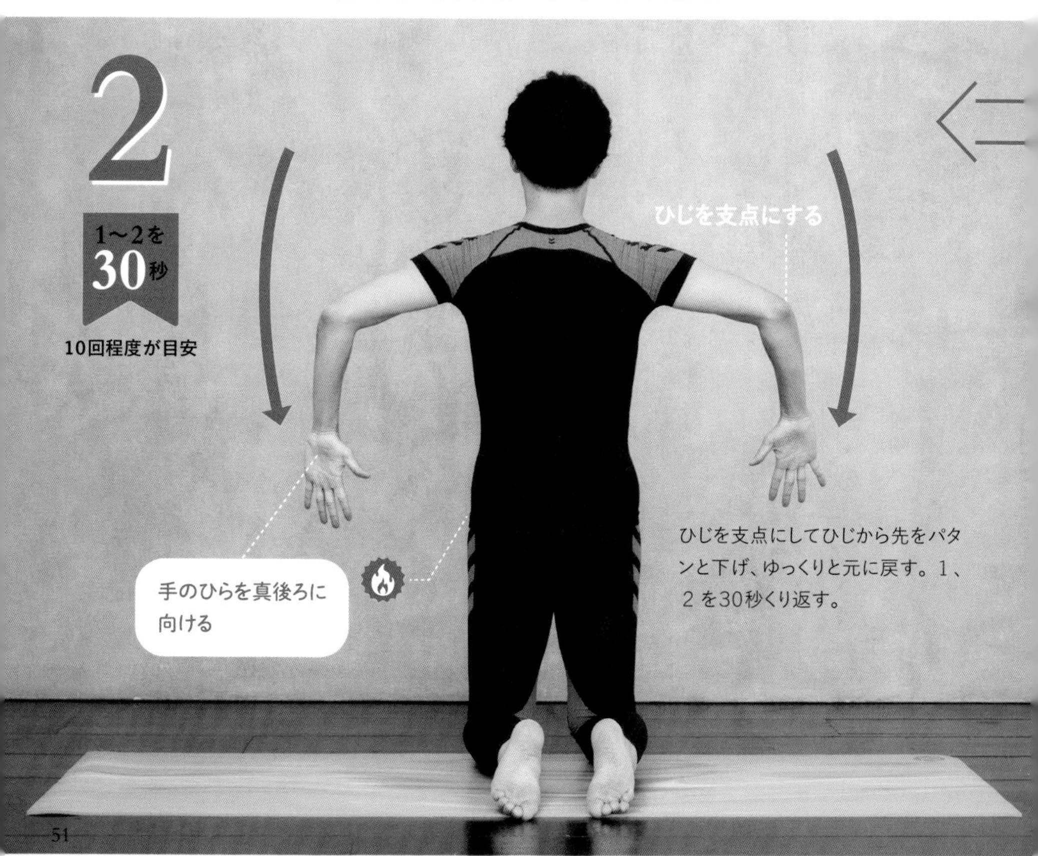

ひじを支点にしてひじから先をパタンと下げ、ゆっくりと元に戻す。1、2を30秒くり返す。

やる気アップの秘訣

次ページからのコツを読んで丁寧にやれば、1週間できっと効果が出ます！

PART 2

知識をつければ効果がアップ

床バレエでやせるヒミツ

SECRET

床バレエはバレエの動きや意識がベース。
だから、バレリーナのようなしなやかで
美しいボディラインをつくることができるのです。
バレエの動きや意識の秘密を学べば、
床バレエがもっと楽しくなります。

下腹に力を入れたまま動くから、体がどんどん引き締まる！

下腹＝体のパワースポット

バレエダンサーの美姿勢の秘密は常に下腹への意識を抜かないこと

バレエダンサーは、片脚で立っても脚を高く振り上げても体の軸がぶれることはありません。これはどんな姿勢のときにも、おへその下から恥骨までの間、つまり下腹全体に力を入れて体を安定させているから。

バレエダンサーにとって下腹は、姿勢を支えるために欠かせない、体のパワースポット。いつでも下腹にスイッチが入ってい

床バレエでは、こんなポーズのときも下腹に力を入れます！

ますから、常に重心が上にある美しい姿勢をキープできます。また、おなかがぽっこり出ている方も見かけません。
みなさんも下腹パワースポットにいつでも力を入れることができるようになれば、体の軸が安定して姿勢が美しくなります。また、下腹を薄くすることが当たり前になるので、おなかからどんどん体が引き締まってくるなんてうれしい効果も！ それがバレエをベースにした床バレエの魅力。本書で紹介するエクササイズには、下腹への意識を忘れないよう、下腹パワースポットにスイッチオンマークを入れています。床に座っても寝転んでも、エクササイズ中は下腹を薄くしてパワースポットをオンにすることを忘れずに動いてくださいね。

床バレエでやせるヒミツ
SECRET
1

下腹パワスポをオンにするコツ

NG
おなかを点で引き込むと体が安定しない
下腹の面を意識しないで力を入れると、点でおなかを引き込むことになり、軸が固定されないので体が不安定に。

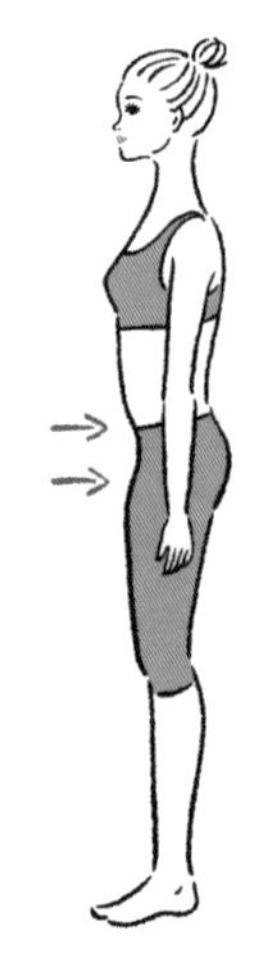

OK
おなかを面で引き込むと体が安定する
おへその下から恥骨までの下腹の広い面をおなかの奥に引き込むよう力を入れて薄くする。体の軸が固定されて、体が安定する。

下腹パワースポットでインナーマッスルを刺激!

ちょっと下腹パワースポットをオンにする練習をしてみましょう。さぁみなさん、おなかをへこませてください。

おへそ辺りだけがへこんで、下腹がぽっこり出ていませんか?

呼吸が止まっていませんか?

どちらかでも当てはまったら、下腹パワースポットがオンになっていないサイン。オンにするコツは、おへその下から恥骨までの間を、点ではなく面で奥のほうへ引き込むこと。わかりづらい方は下腹に両手を添えて手のひらで下腹を奥へ押し込んでみましょう。おなかをただへこませたときよ

下腹パワスポがオンになると刺激される筋肉

だから効く!!

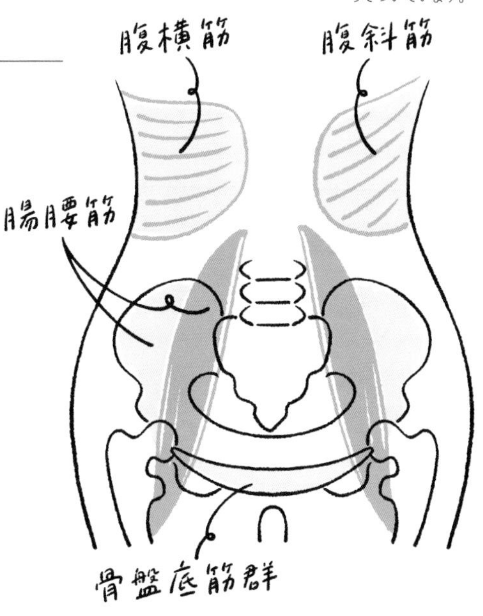

りも広い範囲に力が入ると思います。

そして、おなかをへこませたまま自然に呼吸ができれば、下腹パワースポットをオンにできています。慣れるまでは難しいけれど、毎日続ければ必ずできるようになるので安心してくださいね。

下腹パワースポットをオンにすると、骨盤まわりの筋肉も一緒に鍛えることができます。下腹は、おなかをコルセットのように引き締める腹横筋（ふくおうきん）や、骨盤と太ももの骨をつなぐ腸腰筋（ちょうようきん）、骨盤を下から支える骨盤底筋群（こつばんていきんぐん）など、体幹を安定させるインナーマッスルが集まる場所。下腹を常に薄くできれば、体幹の筋肉が使われて体の軸が安定するので動きがスムーズになり、ボディラインもみるみる引き締まってきますよ。

床バレエでやせるヒミツ
SECRET 2

肋骨を使うバレエ呼吸を行うから、体幹が安定し、動きやすい

下腹に力を入れ、息を吸いながら肋骨を横に広げる

あぐらで骨盤を立てて座り、下腹全体を薄くする。肋骨の横に手の甲をあてて、鼻から息を吸いながら手の甲を押すように肋骨を横に広げる。

下腹を薄くしながら、肋骨を意識して呼吸をする

フレンチバレエの基礎で一番大事なのが「プラスモン」です。「プラスモン」とは、フランス語で「配置する」という意味で、バレエでは骨盤を安定させ、体の軸を整えた姿勢を指し、この姿勢で呼吸をしています。

バレエダンサーは舞台で美しく大きく見せるために、このプラスモンの練習を重ねます。もちろん私自身も今でもレッスン前

床バレエ中はこの呼吸

2

息を吐きながら肋骨をすぼませる

口から息を吐きながら肋骨をすぼませていく。肋骨の前側がふくらまないように気をつけて。うまくできない場合は、あお向けになって練習するのがおすすめ。

に欠かさず行う準備運動のひとつです。

プラスモンが身につくと、下腹をへこませたまま生活することが当たり前になります。そうなったら最高！　いつでも体幹を使えるようになるから体の軸が安定して、下腹がぽっこり出ることはありません。食べすぎたときは出てしまいますけれど（笑）。

ポイントは、おへそと恥骨の間の下腹を薄くしておいて、その姿勢のまま、肋骨を左右に広げるようにゆったりと呼吸をくり返します。

これがバレエ呼吸です。

本書のエクササイズを行うときには、どんな動きでも息を止めないように、このバレエ呼吸を意識しましょう。もちろん、「下腹を薄くすることは忘れずに！」ですよ。

体の先端から動かすことで、関節の可動域が広くなる

バレエのメソッドでは先端を遠くへ動かすのが基本

一見よくあるエクササイズのようでも、バレエの意識で行うのがほかの運動とは違うところ。バレエでは大きく美しく見せるために、体の先端を常に遠くへ動かすのが基本です。例えば同じ動きでも、ひざを倒すのではなく、脚の先端にあるくるぶしから動かすように意識すると、関節の可動域が広がります。

床バレエでやせるヒミツ
SECRET
4

筋肉を伸ばしながら動かすことで、体がしなやかに細くなる

遠くへ伸ばしながら動かせば白鳥のように優雅に！

私が目指しているのはしなやかな筋肉をまとった美しい体。筋肉に力を入れたまま体を動かすとたくましいラインになるので、理想からは遠くなります。そのため床バレエでは、筋肉を伸ばしながら動かすのがポイント。体をできるだけ遠くへ伸ばすようなイメージで動かせば、細く引き締まるだけでなく、動きが白鳥のように優雅に。

やる気アップの秘訣

みなさん、自信を持って！
その自信が
美しさを引き出します

PART 3

気になるパーツを狙い撃ち♡

あなたのボディラインで気になるのはどこ？
気になるパーツのエクササイズを行えば、
ぐんぐん体が引き締まって、
コンプレックスだった部位が
大好きなチャームポイントに変わります！

部位別床バレエ 1

動画でCheck!

股関節ストレッチ

内ももをギュッと引き締める

内もものたるみに悩む方の多くは、立ったり歩いたりするときの重心が外側にあって、内ももの筋肉がほとんど使われていません。脚のインナーマッスルが集まる内ももの筋肉を伸ばして刺激することで、たるみがどんどん引き締まってきます。

よつんばいから、左脚は真横に出し、右足のかかとを上げる

肩の真下に手を、骨盤の真下にひざをついて、よつんばいになる。左脚を真横に出し、右足のかかとを上げる。出した脚が前や後ろにずれないように気をつけて。

POINT

出した脚は腰の真横に

出した脚が真横にない

横に出した脚は骨盤の前や後ろにずれないよう真横に向けましょう。そのとき、ひざとつま先の向きをそろえて下腹に力を入れ、背中が丸まったり反ったりしないように注意！

息を吐きながら、お尻を右のかかとのほうへ下げる

息を吐きながら、お尻を右のかかとのほうへ近づける。息を吸いながら元の位置に。15秒行ったら反対側も１から同様に。股関節からお尻を下げるのがコツ。

動画でCheck!

骨盤を調整して脚やせ

両脚を左右交互に倒すだけですが、実は骨盤の重心移動、股関節の内旋と外旋を同時に行っています。脚が太くなる原因である骨盤のゆがみや脚の筋肉の使い方の悪いクセを直す最高のエクササイズ。倒した方向と反対側のお尻に体重をのせると効果アップ！

横座りスイッチ

両脚を伸ばした状態から
ひざを左にパタンと倒し、横座りになる

両脚を伸ばして座り、脚を腰幅に開く。両手は体の前で円形を描くようにひじを横に開く。
下腹を薄くしたまま、両脚のひざを曲げて左にパタンと倒し、足先は右に向けて横座りに。

POINT

タオルをお尻の下に敷くとラク

両脚を伸ばして座ると腰が丸まったり、ひざが曲がる人は、お尻の下に丸めたフェイスタオルを敷きましょう。お尻を少し高くすると骨盤がまっすぐになり、長座がラクに。

一度長座に戻り、ひざを右にパタンと倒す

一度長座の姿勢に戻り、両脚のひざを曲げて右にパタンと倒す。1、2 をゆっくりと30秒くり返す。下腹は薄くしたままで。

部位別床バレエ 3

動画でCheck!

即効でお尻が小さくなる

外ももUP

横に広がった大きなお尻は、お尻の筋肉が働いていないサイン。股関節を外旋させながらひざを上げ下げすることで、お尻全体の筋肉が使われ、広がったお肉が中央に集まって丸みのある小尻に。ひざを1㎜上げようとするだけでも効果がありますよ。

両ひざを立てて大きく開いたら、両ひざを右に倒して横を向く

床に座り、両ひざを立てて大きく開いたら、両脚を右にパタンと倒して横を向く。両手は体の前につき、一度息を吸う。

POINT

お尻や太ももがつりそうになったら

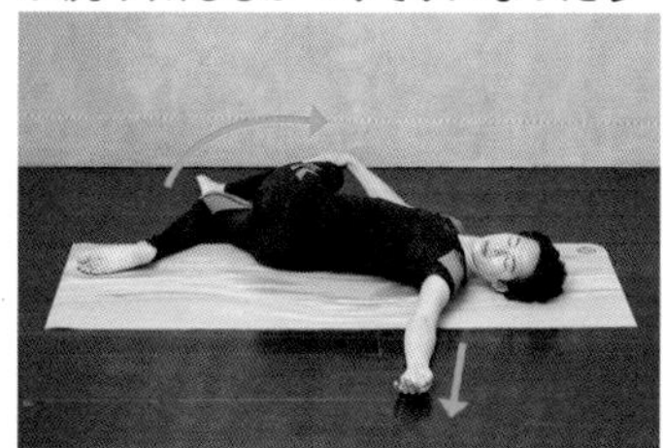

途中でお尻や太ももがつりそうになったら、すぐにやめてストレッチを。あお向けになり、左ひざを曲げて右に倒し、顔は左に向けて、腰とお尻を伸ばします。反対側も同様に。

息を吐きながらゆっくりと
左ひざを床から浮かせる

骨盤はまっすぐ前を向けたまま、ひざを床から浮かせる。息を吸いながらひざを下ろし、吐きながら上げる。15秒くり返したら反対側も 1 から同様に。

部位別
床バレエ
4

動画でCheck!

たれ尻がグッグッと上がる！

うつぶせ尻トレ

お尻がたれて太ももとつながっていませんか？　そんな方はうつぶせ尻トレ。ひざ下を交差させて骨盤を調整し、ひざを上げてお尻の大きな筋肉を鍛えると、勝手にお尻が上がってきます。スマホを見ながらでもできるので、うつぶせになったら尻トレを習慣に。

うつぶせになり、脚を腰幅に開いて両ひざを曲げ、ひざ下を交差させる

うつぶせになり、両手をおでこの下に置く。脚を腰幅に開いて両ひざを曲げたら、ひざから下をリズミカルに15秒、交互に入れ替えながら交差させる。

POINT

腰骨をつけたままひざを上げる

ひざを上げるときに腰骨が浮く

ひざを高く上げようとして、腰骨が床から離れてしまうとお尻の筋肉にアプローチできません。ひざを浮かせるのは少しでいいので、腰骨を必ず床につけたまま行って。

股関節の力を抜いて、左右交互にひざを上げる

1 のStandbyと同じ姿勢のまま、股関節の力を抜いて、片方のひざを床から少し上げる。下ろすと同時に反対側のひざを上げる。左右交互に15秒くり返す。

部位別床バレエ 5

動画でCheck!

肉厚な背中がスッキリ

後ろ姿の美しい女性は魅力的！そんな女性を目指して、背中にたっぷりついたお肉を落とすエクササイズを。下腹に力を入れたら、前に出した小指とお尻で背中を引っ張り合うように肋骨を伸ばすと、硬く縮んだ背面と側面の筋肉がほぐれ、背中がスッキリしてきます。

肋骨伸ばし

よつんばいになり、右手を左手の前に出して小指を床につけ、右わきを床に近づける

よつんばいになり、ひざを腰幅に開く。右手を左手の前に出し、小指を床につけてチョップの形に。息を吐きながら小指を遠くへ、お尻は後ろに引きながら、右わきを床に近づける。

POINT

小指は遠く前へ、お尻は後ろへ

前に出した手の小指は遠くに、お尻は後ろに引くようなイメージでわきを床に近づけます。体が自然にひねられて、お尻から肩まで背中の斜めのラインが伸びるのを感じて。

左手を右手の前に出して小指を床につけ、左わきを床に近づける

4セットが目安

息を吸ってよつんばいの姿勢に戻る。左手を右手の前に出して小指を床につけ、息を吐きながら遠くに伸ばすように左わきを床に近づける。1、2を交互にリズミカルに30秒。

部位別
床バレエ
6

動画でCheck!

肩まわりのお肉を落とす

肩甲骨ゆらゆら

頑張り屋さんほど、肩に力が入ってたくましく見えている人が少なくありません。硬くなった肩と肩甲骨をほぐしてリラックス。おなかに力を入れ、おへそをのぞき込むと自然と背中が丸くなり、そのまま腕を揺らせば肩まわりがほぐれて血流もアップ！

あぐらで座って、骨盤を立て、両手の指を組んで前に押し出し、腕を伸ばす

あぐらまたは正座になり、骨盤を立てる。両手の指を組んで手のひらを前へ押し出すように腕を伸ばす。下腹を薄くするようにおなかに力を入れ、一度息を吸う。

POINT

おへそをのぞき込むように

おなかをへこませて、おへそをのぞき込むように背中を丸めたまま行うのがポイント。揺らすたびに肩甲骨まわりの筋肉がほぐれて、腕を動かしやすくなります。

おなかをへこませて背中を丸め、腕を左右に大きく揺らす

息を吐きながら、おなかを引き込むようにへこませて背中を丸め、腕を左右に大きく30秒揺らす。揺らすごとに肩甲骨がどんどん離れていくイメージで、腕を動かして。

部位別床バレエ 7

動画でCheck!

体の厚みが薄くなる

ウエストひねり

上半身に厚みがあるガッチリ体型の方は、背骨や肋骨まわりの筋肉が硬い場合がほとんど。ウエストをひねる動きで背骨や肋骨まわりをやわらかくすると硬く張った筋肉がほぐれて、体の厚みが薄くなります。さらに血流がアップして、脂肪が燃焼しやすい体に！

よつんばいになり、お尻をかかとに近づけて左手を頭の後ろに添え、左ひじを右手のほうへ

よつんばいになり、かかとを合わせてつま先を立て、ひざを開いたらお尻をかかとに近づける。左手を頭の後ろに添え、息を吐きながら体をひねって左ひじを右手に寄せる。

POINT

軸になる手で床を強くプッシュ

ひじを天井に突き上げるときは、軸になる手で床を強く押しましょう。手で床を押して軸がしっかり安定することで、背中のひねりが深くなり、ストレッチ効果が高まります。

息を吸いながら背中をひねり、左ひじを天井に向ける

息を吸いながら右手で床を押し、同時に左ひじは天井に向けて背中をひねる。1、2を15秒くり返したら、反対側も同様に。

部位別
床バレエ
8

動画でCheck!

おなかのぜい肉が落ちる

ハーフプランク

下を向いたときにぽっこり下腹が目に入ったら、おなかの力が抜けている証拠。このエクササイズでおなかを薄くする感覚が身につけば、おなかはどんどんペタンコになります。30秒がつらければ、もっと短くてもOK。少しずつ時間を延ばして行いましょう。

うつぶせになり、肩の下にひじをついて両ひざを曲げる

うつぶせになり、肩の下にひじをついて脚は腰幅に開き、両ひざを曲げる。首の後ろを伸ばし、肩の力は抜いてリラックス。

POINT

おなかを上げようとして腰が引ける

おなかを上げようとして腰が引けてしまったり、逆にお尻が落ちて、腰が反ってしまうのはNG。肩からひざまでが斜め一直線になるように、おなかをのぞき込んでおへその位置を確認しましょう。

おなかと恥骨を持ち上げ、おなかの力で体を支える

おなか、恥骨の順に床から体を持ち上げ、わきの力でひじを床に押しつけるようにしながら、おなかの力で体を支える。自然呼吸で30秒キープ。お尻や股関節の力は抜いて。

やる気アップの秘訣

疲れていても
30秒動いてみて!
元気になります

Jun Takeda

PART 4

こり・痛みにサヨナラ！

原因不明の不調の多くは血流が悪かったり、
自律神経のバランスが崩れることで起こります。
不調に合った床バレエで体を動かすと、
血行がよくなって老廃物をどんどん排出。
体が軽くなるのを実感できます。

動画でCheck!

肩こり・首こり解消

わきつかみひじ回し

マッサージとストレッチを同時に行える、おトクなエクササイズです。わきの前側をつかんで大胸筋や小胸筋などの胸の筋肉、後ろ側をつかんで広背筋や前鋸（ぜんきょ）筋などの背中やわきの筋肉を刺激します。終わった後はすーっと血液が流れて、肩や首がポカポカしますよ。

わきの下の中央に4本の指をあて、前側をつかんでひじを回す

1

ひじを上げ、わきの下の中央に反対の手の指4本をあててわきの前側の筋肉をつかみ、上げたほうのひじを後ろへ回す。息は止めずに自然呼吸で。

+α

肩がつっぱったら
ひじの横を揺らす

ひじを回した後で肩や首につっぱり感をおぼえたら、親指側のひじの横のお肉をつまんで、30秒ほど揺らしましょう。ここは首や肩と筋膜がつながっているので、揺らすことで筋肉の張りをゆるめられます。

わきの下の中央に親指をあて、後ろ側をつかんでひじを回す

2

前後合わせて
左右各
15秒

1ヵ所につき4回程度

わきの下の中央に反対の手の親指を押し込み、残りの4本の指で後ろ側の筋肉をつかんで、上げたほうのひじを後ろへ回す。ひじは大きく回しても小さく回してもOK。1、2を合わせて15秒。反対側も同様に。

動画でCheck!

巻き肩を改善して美姿勢に

スマホの見すぎで、肩が首より前に出た巻き肩になっている方が増えています。巻き肩や猫背が気になったら、上体をひねりながら、肩を動かすときの軸になる背骨をやわらかくしましょう。背骨と肩の動きがスムーズになり、巻き肩が改善されて美姿勢になりますよ。

背中ツイスト

あぐらで座り、両手は前へ。おなかを引き込んで背中を丸める

1

あぐらまたは正座になり、両手を前に出す。息を吐きながらおなかを引き込んで背中を丸める。無理に丸めるのではなく、おなかがへこむことで自然に丸くなるイメージで。

おなかを引き込んで背中を丸める

●正座でもOK

+α

肩が開きにくい人は
このストレッチを

肩甲骨まわりが硬くて肩が開きにくい人は、肩甲骨を動かす練習を。よつんばいになってひじから先の側面を床につけ、肩甲骨を寄せる、離す、の動きを30秒くり返しましょう。

息を吸いながら左手の中指を遠く後ろへつくように、上体をひねる

2

1～2を左右交互に30秒

4セットが目安

背すじを伸ばし、息を吸いながら左手の中指を遠く後ろへつくように上体を左にひねる。息を吐きながら1に戻り、次に右手の中指を遠くへつくように上体を右にひねる。左右交互に30秒。

中指をできるだけ遠くへつく意識で

坐骨神経痛を改善

坐骨神経は腰からお尻を通って足先へとつながる長い神経。座りっぱなしが続くと、神経まわりの血行が悪くなり、痛みや重だるさを感じやすくなります。坐骨神経の先端に近い足首を押し合ってから脱力すると血行がよくなって、痛みや重だるさがやわらぎます。

足首プッシュ

**あお向けで両ひざを立て、
左脚を倒し、足首を右足首に引っかける**

1

あお向けになり、両ひざを立て、両腕は体の横に広げて力を抜く。左脚を外側へパタンと倒し、足首を右足首に引っかける。

POINT

足首を全力で押し合う

倒した脚は手前に引いて、立てた脚は遠くへ押し出し、足首を全力で押し合います。倒した脚の股関節の力は抜き、骨盤の位置がずれないように下腹には力を入れて。

倒した左脚は手前に引き、立てた右脚は遠くに押し出す

2

左右各
15秒

倒した左脚は手前に引き、立てた右脚は遠くへ押し出すように、足首同士で全力で押し合う。息は止めずに自然呼吸で15秒。一気に脱力し、脚を入れ替えて 1 から同様に。

不調改善 床バレエ 4

動画でCheck!

脚のむくみ、疲れ取り

ふくらはぎはがし

ふくらはぎのヒラメ筋と腓腹(ひふく)筋が重なっているところが癒着すると、血液やリンパの流れが悪くなり、脚がむくんだり、疲れを感じやすくなるのです。ひざ下と足首の2つのポイントを指でほぐして、癒着した筋肉をはがすように動かすと脚が軽くなります。

4本の指先をそろえ すねの骨のキワに押し込む

1

床に座り、右脚のひざを立てる。左手の親指以外の4本の指先をそろえて、すねの内側の骨のキワに軽く押し込む。息を吐きながら圧をかけて、指を揺らしてほぐす。

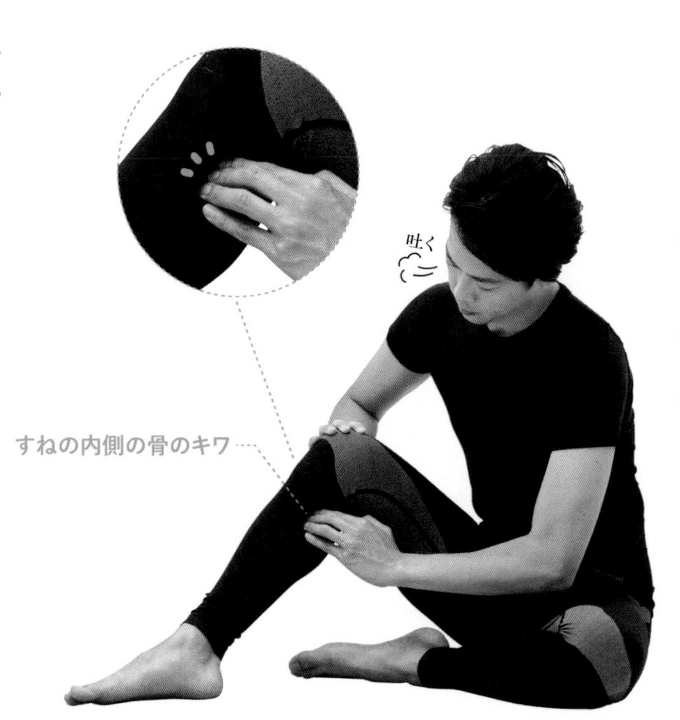

POINT

ヒラメ筋の癒着をはがす

腓腹筋の下でふくらはぎの奥にあるヒラメ筋をはがすイメージで、骨のキワに沿って指を奥のほうまで入れて刺激するのがポイントです。ただし、少しでも痛みを感じたら、やさしく揺らしましょう。

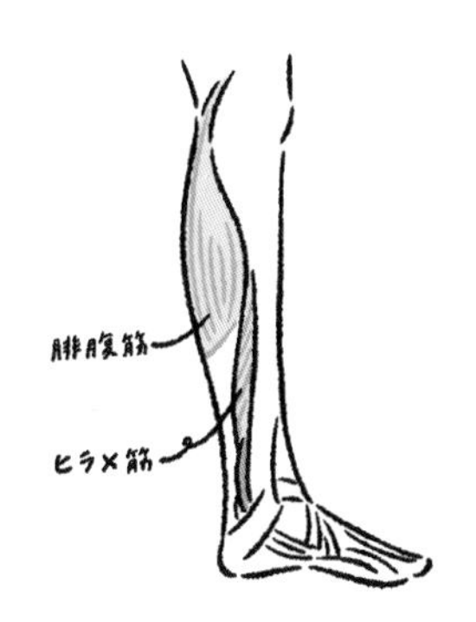

かかとから手のひら2枚分上の骨のキワに親指を押し込んで揺らす

2

1～2を左右各15秒

かかとから手のひら2枚分上の骨のキワに両手の親指を押し込み、息を吐きながら圧をかけて、指を揺らしてほぐす。1と2を各15秒ずつ行ったら、反対側も同様に。

PART 5

心と体を整える

竹田式
美のコツ

ボディラインの均整がとれていても、肌が荒れていたり、メンタルのバランスを崩していたりする方は、どこか見た目に余裕が感じられません。美しさは健康な心と体を備えた人の内面からにじみ出てくるもののように思うのです。

ここでは私自身が美しくなるために心がけている考え方や毎日の小さなルーティンを紹介します。みなさんの心に響くものがあれば、ぜひ取り入れてみてくださいね。

生き方

フランス女性は年齢を重ねても美しいといわれています。
それは内面からにじみ出てくる美しさだと私は感じています。
私のまわりにいるフランス女性は、
みなさん「私は美しい」と思って歩いているように思います。
その〝自信〞こそがきっとフランス女性の美しさの秘訣。

日本女性ももっと自信を持って
まるで「大女優」であるかのように歩いてみましょう。
その自信があなたの美しさを最大限に引き出します。

フランス女性は楽しむこと、自分らしくあることに貪欲です。たとえボサボサ頭でも「私は私。私の人生なんだから」と自信満々。そんな「自分らしくていい」という姿は堂々としていて、いつも素敵だなと思っています。

一方、日本では自己主張をするよりも、まわりとの調和を重んじている方が多いように感じています。

それもとてもいいことだと思うのですが、ときに「もっと自由でいいのに少し窮屈だな」と思うこともあります。

まわりとの調和を大切にする日本女性がフランス女性のような「自分らしさ」も身につけたら最強だと思うのです。

自分自身でつくった「こうでなくちゃ」という呪縛から抜け出して、自分のしたいファッション、やりたいことを追求して、自分自身の人生を楽しむ覚悟を決めてみては? "根拠のない自信"は人を強く、そして美しく見せてくれるはずです。

マダムとの会話は
いつも楽しい♡

フランスではときどきマダムの体の調整をさせていただくことがあります。おしゃべり好きなフランスマダムとの人生についての会話は学ぶことばかりです。

ふるまい

イスに座るときに「ドスン」と音を立てていませんか？
美しさは容姿や体型だけではありません。
私が美しいと思う女性は、
手を上げるときや人に話しかけるとき、
余裕のあるしぐさやふるまいをする方。
そして、あくせくしていなくて、
何事も受け入れる準備が整っている女性です。
あせらず、ゆっくり、余裕を持ってふるまえば、
しぐさやオーラまで絶対に変わってきます。

突然ですが、みなさん「チュニック」を制服化していませんか? 私は生徒さんがチュニックを着ているのを見つけると「そのカーテン脱いで」って言っています(笑)。

多くの方は、体型をすべて隠せるゆるゆるのお洋服を着ているとき、ふるまいがとても雑になります。たとえば、お洋服で隠れているからと油断して、下腹はぽっこり出っぱなし、脚はパカンと開いていないでしょうか? タイトめのお洋服を着ていたら、そんなふるまいはできません。自分を「美しい」と思って過ごすためには、お洋服選びも大事な要素のひとつだと思います。

そしてもうひとつ、美しく見えるふるまいのコツは、手や脚を動かすときにゆっくり、丁寧に遠くへ動かすこと。これは床バレエを行うときのポイントと同じです。せっかちな人ほど動きが小さく、余裕なく見えます。同じ動きでもゆっくり丁寧に行うだけで、ふるまいに品が感じられます。これは舞台上で、より華やかに美しく見せるためのバレエダンサーのテクニックのひとつです。

ラクなものではなく、憧れの女性が着るようなタイトめのお洋服を着て出かけたら、ゆっくり丁寧に体を動かしましょう。そのふるまいで、あなたは誰からも美しいと思われます。

バレエの動きが身につくと、自然に手や足先の所作がキレイになります。ボディライン以上に所作の美しい女性はキレイですよね。

モチベーション

この人のために美しくありたいと思えるような
心から愛する人はいますか？
パートナーでも、お友だちでも、お子さんでも、
どんな人でもいいのです。
自分のためだけにキレイになりたいと思うと
すぐにあきらめてしまうけれど、
大切な誰かのために！
と思うと、なぜか頑張れますよね。
私にも、尊敬でき、愛するパートナーがいます。
いつでも彼にふさわしい人間であろうとすると
美しくなるための努力さえも楽しいのです。

私のパートナー、インテリアデザイナーのクリス。美しいと感じるもの、楽しいこと、人生を豊かにする感性が、私ととても似ています。
Instagram
@mr.krishome

La belle vie

フランスでの充実した日々

@juntakeda.bf

竹田式 美のコツ

04 食生活

私たちの体は
食べたものでつくられています。
私が実践している食事法は、
水をたくさん飲むことと、
野菜を先に食べること。
そんな小さなことを心がけるだけで、
やせやすい体に
変わることができます。

朝におすすめ！ アボカドスムージー

材料（1人分）

ライム … 1個　**バナナ** … 1本
アボカド … 1個　**ココナッツミルク** … 100mℓ
リンシード（亜麻仁） … 大さじ1（チアシードなどでもOK）
アーモンド、くるみ … 適宜

1

ライムは半分に切ってグラスに搾る。バナナとアボカドは皮をむき、適当な大きさに切ってミキサーへ。

2

1のミキサーにココナッツミルクとリンシードを加えて、なめらかになるまで攪拌し、ライムを搾ったグラスに注ぐ。

3

お好みでアーモンドやくるみをのせる。

以前の私は、夜遅くまで友だちとお酒を飲むことが大好きでしたし、体を動かしているので食べる量もすごく多かったんです。もちろん、たんぱく質は多めに、炭水化物は控えめにしていましたが、フランスの大きなスーパーマーケットに行くと、お肉や野菜、パンやナッツなどをカートがいっぱいになるほど買い込んでいました。

あるとき、パートナーから「自分たちの健康と環境のためにBIO（ビオ）食品を食べよう」と提案され、私たちの食生活はガラリと変わりました。「BIO食品」とは、日本では「オーガニック」や「有機」と呼ばれる食品です。フランスではとてもメジャーで、普通の食品の数倍の値段にもかかわらず、多くの方が健康にも環境にもいい「BIO食品」を選んでいます。

「BIO食品」に替えてから、これまでカートいっぱいに買っていた食品が、同じ金額で1/3の量になりました。おかげでフードロスも食べすぎることもなく、野菜から食べて、ゆっくり時間をかけての食事。それが毎日の楽しみのひとつになりました。

私たちの体は食べたものでつくられています。数ヵ月後の健やかで美しい体を目指して、まずは体にいい野菜から食べる習慣を取り入れてみてはいかがでしょうか。

食事の定番は「BIO食品」をたっぷり使ったサラダ。彩りを考えて盛り付けて、目も体も喜ぶ食事は、とても充実した時間です。

彩りが美しいBIOの食品！

腹式呼吸＆バレエ呼吸

起きたらすぐに、腹式呼吸を行います。
その後、バレエ呼吸も行えば、一日中体幹が安定します。

How to

おなかをふくらませながら息を吸い、おなかをへこませて息を吐く腹式呼吸。次に、鼻から息を吸いながら、手の甲を外に押し出すように肋骨を横に広げ、口から息を吐きながら肋骨をすぼませるバレエ呼吸を。各30秒。

白髪・抜け毛ケア

**年齢を重ねると気になる毛髪問題。
予防のために朝は頭のリンパを流します。**

How to

両手の親指を耳の上あたりに、残りの指の腹を頭にあてて、頭皮をもみほぐすように30秒マッサージ。気持ちよければ時間を延ばしても。

首のシワケア

**肋骨まわりの筋肉が縮むと、
首の筋肉が引っ張られてシワができます。
肋骨のキワほぐしでケアを。**

ぐい

ぐい

How to

肋骨のキワに沿って、親指以外の4本の指を押しあてる。息を吐きながら、指を小さく揺らして肋骨まわりの筋肉をほぐす。指の位置を少しずつずらしながら30秒行って。

06

老け顔ケア

気づいたときに首まわりをほぐして美人顔

昨年、40歳になりました♥

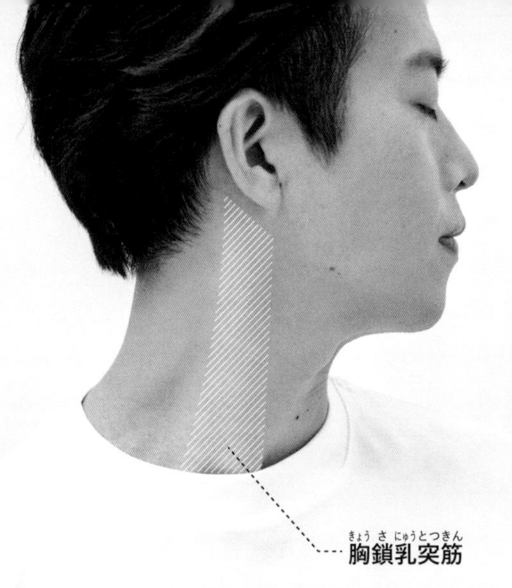

ほうれい線改善

首の横を走る胸鎖乳突筋が硬くなると頬が引っ張られ、ほうれい線が深くなるので、日々ケアを。

How to

首を回したときに浮き出る首の横の筋肉を、両手でやさしくつかむ。そのままゆっくりと左右に首を倒す。気持ちいいと感じるだけ行い、頭がくらっとしたら、すぐにストップして。

たるみ改善

スッキリしたフェイスラインは美のシンボル。
肩と首をストレッチして、たるみを取りましょう。

How to

1 左手を左肩にあて、右手の人差し指の側面を左あごの下にあてる。左手で肩を下に押し、首を右に回してあごを引き、息を吐きながら、左の首から肩が伸びているのを感じて。

2 息を吸いながらあごを上げる。首の伸びを感じながら①②をゆっくりと丁寧に15秒行う。反対側も同様に。

なんでも
聞いて〜

効果アップのコツを教えます!
床バレエQ&A

SNSでよくいただく質問を集めました。
始める前にチェックして、効率よく床バレエを行いましょう。

Q エクササイズは一日のうちでいつ行うのがよいでしょうか?

A 午前中に行うと一日中いい姿勢で過ごせます

床バレエでボディメイクを目指すなら、午前中がおすすめ。午前中に体を動かすと血行が促されて一日の代謝がよくなり、やせやすい体質に。体もほぐれて一日中いい姿勢をキープできます。

Q エクササイズを行うときに気をつけることは？

A 水を1杯飲んでから丁寧に行いましょう

一日２ℓを目安に水をたくさん飲むと、体内の水の循環がよくなり、汗や老廃物が出やすくなります。エクササイズ前に１杯、後に１杯など、水を飲むきっかけを増やして、循環のいい体に！

Q 痛みを感じたときは？

A すぐにやめて！

痛みを感じたらすぐにやめて、その痛みが続くようなら医師などの専門家に相談しましょう。特に準備のポーズのときに痛みを感じたらそのエクササイズはやらずに、痛みがある場所から遠い、違う部位を刺激するエクササイズを行って。

Q 一日にいくつやってもいい？ それとも一日ひとつと決めたほうがいい？

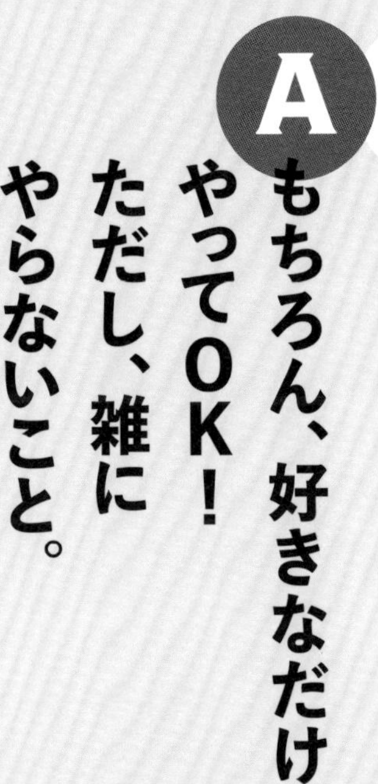

A もちろん、好きなだけやってOK！ ただし、雑にやらないこと。一日1種類でも、丁寧に行って

やりたければいくつやってもOK。30秒が短いなら、少しずつ時間を延ばしましょう。でも、雑にやるのはダメ。１種類でも、30秒を丁寧に行うほうが数をたくさんやるよりも効果があります。

Q 効果があまり感じられないときは？

A 動きが雑になっているんじゃない？もう一度ポイントを見直して！

力を入れるポイントや動かし方のコツがずれている可能性が。もう一度、本書や動画を見直してみましょう。また、雑に動いて回数を増やすより、ゆっくり丁寧に動かしたほうが効果はアップします。

Q どれくらいで効果が出るの？

A 丁寧にやれば、1週間で効果を実感できます！

続けて 1 週間もすると、いつでもおなかに力が入るようになり、まず姿勢が変わったのを実感できるでしょう。同時に関節がなめらかに動くようになり、体を動かすことがラクになります。

Q 体もやわらかくなる？

A 関節になめらかさが出てくるので、みなさん体がやわらかくなっています

筋肉への血流がよくなり、関節がなめらかに動くようになるので、体はやわらかくなります。無理に開脚するより、できる範囲で体を動かす床バレエのほうが、よりやわらかくなるでしょう。

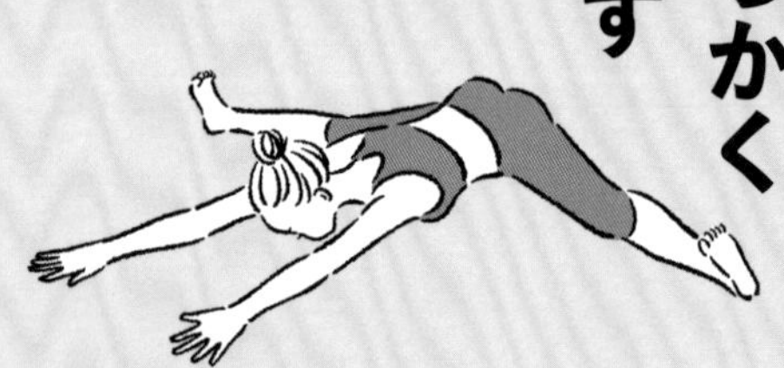

Q 先生と同じように動けないけど大丈夫？

A あなたはやり始めて何年目？
私、22年やっています！（笑）
だから、できなくて当たり前

私は22年間続けています。だから私とまったく同じようにできないのは当然。焦ると、何をしてもうまくいきません。比べるのは、昨日のあなた自身。よりよくなっていれば成功への道まっしぐら！

Q 動きに夢中になると呼吸が止まっちゃう……

A 呼吸が止まらないようにゆっくり丁寧に動きましょう

無理に体を動かして下腹以外に力が入ってしまうと、気づかないうちに息を止めていることも。呼吸が止まらないよう、上手に力を抜きながら、ゆっくり丁寧に動きましょう。

Q エクササイズをやってはいけない人は？

A 老若男女、誰でもできます。でも……

妊娠中や産後の方、また医師から運動を止められている方は、行う前に必ず専門医に相談してください。それ以外は、老若男女、誰でも行ってOK。楽しみながらトライして！

Epilogue

みなさん、最後まで読んでいただきありがとうございます。
床バレエに実際にトライしながら、ここまで読み進められたあなたの心と体は、
もう美しく変わる準備ができているはずです。

鏡でご自分の全身を見てみてください。
「そんなに変わってない」
「私はやっぱりやせられない」
「こんな簡単なことで変わるはずがない」なんて思わないでください。
その思い込みが、あなたがキレイになるのを邪魔しているのかもしれません。
その邪魔の正体が、潜在意識です。

潜在意識のパワーは強力で、
「やせるわけない」という意識を「やせないわけない」と変えるだけで、
やせることも美しくなることも実は簡単です。

自分を信じて、床バレエを続けてください。
心から信じれば、笑ってしまうくらい簡単にボディラインは変わります。
私も、バレエでも人生でも、何度も「無理」とあきらめかけたことがありました。
でも、そう思ってしまいそうなときには、
「自分には絶対できる、変われる」と言い聞かせて、

2023年3月、フランス・ブロワで結婚式を挙げました。まさか、子どもの頃は同性で結婚できるなんて思いもしませんでした。私が生まれたこの時代に、そしてフランス国籍でもなく、文化も違う私たちを受け入れてくれたフランスという国にとても感謝しています。

自分の理想とする人生を歩むことができました。
フランスでバレエを踊り、移住し、
多くのみなさんにエクササイズを伝えるチャンスをいただき、本を出し、
愛する人と結婚することもできたのです。

そして、もうひとつ。すべてに対して心から深く感謝をしてみてください。
感謝すると心が動かされ、前向きになり、
その結果、自分を信じられるようになっていきます。

なんとなくまだピンとこない方は、私のインスタにDMをくださいね。
できるだけ多くの方のお悩みに答えていきたいと思います。
そして、次にみなさんにお会いできるときには、
みなさん全員が床バレエで理想の体を手に入れていると、私は信じています。

最後に、素敵なスタッフたちとつくったこの本で
ひとりでも多くの方が、なりたい自分になることができたら、
これほどうれしいことはありません。
メルシーボク！

フランス・パリにて　竹田 純

竹田 純
Jun Takeda

Instagram
@juntakeda.bf

YouTube
@juntakedaballet

Twitter
@takejuju

バレエダンサー。一般社団法人床バレエ協会代表。2000年から東京バレエ団に所属後、'03年に渡仏。2 年間、パリのConservatoire à Rayonnement Régional de Boulogne-Billancourtでクラシックバレエ、コンテンポラリーダンスを学ぶ。'06年、Concours International de Danse Classique de Biarritz(Pas de deux)で銅メダルを獲得。その後、フランス国立リモージュ・オペラ歌劇場、スロバキア国立劇場、オランダ国立劇場などのバレエ団に所属。現在、指導者としてテレビや雑誌などで活躍するほか、SNSでわかりやすく効果の高いエクササイズを発信している。『バーオソル・ダイエット ―バレエダンサーのしなやかな身体の秘密―』(講談社)、『DVD動画付き おうちでできるバレエストレッチ&フィットネス 決定版』(学研プラス)など著書も多数。

STAFF

デザイン
木村由香利

撮影
岩谷優一(vale.)
水野昭子(P.58～59)

ヘアメイク
金澤美保

イラスト
別府麻衣

動画撮影
森 京子　杉山和行

動画編集
森 京子

編集協力
山本美和

Special Thanks
鎌野瑞穂
クリスティヨナス・ブデリス

マネしたらやせた!
30秒だけ床バレエ

2023年4月12日 第1刷発行

著　者　竹田 純
発行者　鈴木章一
発行所　株式会社 講談社
〒112-8001　東京都文京区音羽2-12-21
編集 03-5395-3469
販売 03-5395-3606
業務 03-5395-3615

印刷所　大日本印刷株式会社
製本所　大口製本印刷株式会社

KODANSHA

QRコードは、株式会社デンソーウェーブの登録商標です。動画の再生には、別途通信料がかかります。動画は、予告なく内容を変更することや終了することがあります。本書でご紹介したエクササイズの効果には個人差があります。持病をお持ちの方や通院されている方、妊娠中や産後の方は、事前に主治医とご相談のうえ行ってください。エクササイズにおいて生じた負傷や不調については、一切責任を負いかねますのでご了承ください。

ISBN 978-4-06-531650-4